LA JEUNESSE

DISCOURS

PRONONCÉ A LA DISTRIBUTION DES PRIX
LE 5 AOUT 1876

PAR LE T. R. P. J.-M.-L. MONSABRÉ
des Frères Prêcheurs

PARIS

EDOUARD BALTENWECK, ÉDITEUR
Rue Honoré-Chevalier, 7.

1876

LA JEUNESSE

DISCOURS

PRONONCÉ A LA DISTRIBUTION DES PRIX
LE 5 AOUT 1876

PAR LE T. R. P. J.-M.-L. MONSABRÉ

des Frères Prêcheurs

PARIS

EDOUARD BALTENWECK, ÉDITEUR

Rue Honoré-Chevalier, 7.

1876

LA JEUNESSE

DISCOURS

PRONONCÉ A LA DISTRIBUTION DES PRIX

De l'École d'Arcueil.

Messieurs,

La vie humaine a comme le jour ses pé-
riodes, et dans chaque période ses beautés
caractéristiques. L'enfance est une aurore
pleine de promesses et de grâces charmantes.
L'intelligence et l'amour, lumière et chaleur
de l'âme, n'y font que poindre encore par des
teintes délicates et riantes dans lesquelles nous
cherchons à lire l'avenir. Regards naïfs,
sourires aimables, cris joyeux, doux bégaie-
ments, tendres baisers, autant de signes que
l'espérance interprète et où elle veut voir des

merveilles. A l'autre extrémité de la vie la vieillesse lassée et prête à disparaître jette ses feux affaiblis, mais superbes encore, sur les chemins qu'elle vient de parcourir. C'est l'effort suprême d'un astre qu'on ne voit s'éteindre qu'à regret, splendide auréole où brillent, d'un éclat aimable et salutaire à tous, l'expérience et les vertus de longues années. Comme les voix de la nature saluent et bénissent à son coucher l'astre fécond qui partout a répandu la vie, ainsi les voix des cœurs reconnaissants saluent et bénissent à son déclin toute existence qui passa en faisant le bien, et dont les dernières lueurs sont encore un enseignement et un bienfait. Voilà, dans leur beauté caractéristique, l'aurore et le couchant de la vie humaine ; mais, entre cet aurore et ce couchant, il y a les heures de pleine lumière et de fortes ardeurs, parmi ces heures la radieuse, chaude et vivante matinée : c'est la jeunesse.

La jeunesse âge de la force, de l'enthousiasme, des impétueux désirs et des dévouements ; la jeunesse de tous les âges le plus beau et le plus regretté. Que l'homme ait abusé de la vie, qu'il l'ait noblement dépensée, quand vient l'âge des désillusions et de l'impuissance c'est le même cri qu'il pousse : Ah! si j'étais jeune encore!

En présence de ces enfants et de ces adolescents, tant aimés, qui bientôt deviendront jeunes hommes, permettez-moi, Messieurs, de vous parler de la jeunesse et de vous dire quels sont, à son endroit, nos rêves, nos déceptions, nos efforts et nos luttes.

I

L'enfant n'est déjà plus depuis plusieurs années, l'adolescent vient de disparaître. Ces traits incertains et grossis par la croissance, ces lignes informes et disproportionnées qui enveloppaient le corps tout entier viennent de se fixer en un dessin précis et harmonieux. La fermeté souple a remplacé partout une mollesse embarrassée, le sang a trouvé ses issues, le muscle ses courbes, l'os ses assises; sur tous les points la force rayonne et fleurit. Mais ces phénomènes de surface en cachent d'autres plus merveilleux et plus dignes de notre attention. L'âme, qui jusqu'ici n'a vécu que d'emprunts et n'a marché qu'appuyée sur d'autres âmes, l'âme sent naître en elle-même des pensées qui lui appartiennent, et commence à s'exercer en des vouloirs dont elle prend toute la responsabilité. Prompte, vive, ardente elle a hâte de connaître. Les moindres beautés l'étonnent, et facile à l'admiration elle la prodigue par l'enthousiasme. Chaque pas qu'elle fait aiguillonne ses désirs, où elle veut aller la passion l'emporte, et l'inexpérience laisse libres toutes ses audaces. N'ayant joui qu'un peu de la vie, le jeune homme n'y tient que par des attaches faciles à rompre et se trouve prêt aux dévouements héroïques. O force, ô lumière, ô vie, ô jeunesse! que de trésors Dieu a mis dans ton sein qui peuvent être dépensés à la gloire et au bonheur de la famille et de la société!

Mais pour cela, Messieurs, il faut que la jeunesse soit réglée dans ses ardeurs et qu'une vie maîtresse s'empare de sa vie. Abandonnée à elle-même, elle dissipe et corrompt sa généreuse vigueur. Les exceptions sur ce point peuvent être considérées comme des merveilles. Quelle vie maîtresse s'imposera donc à une jeune vie qui prend possession de toute son énergie? L'homme seul ne suffira plus; car par un sentiment exagéré de sa dignité le jeune homme se défie de toute âme qui semble vouloir dominer la sienne. Il ne veut accepter d'influence qu'au nom d'un maître tellement souverain qu'on ne puisse contester ses droits.

Or, Messieurs, il est un maître dont la douce force et l'adorable bonté en s'emparant de la jeunesse règle son esprit, son cœur, ses passions, et lui prépare, avec des joies aimables, la plus grande beauté qui se puisse voir ici-bas. Ce maître, vos cœurs l'ont nommé. Il appelait à lui les petits enfants, les embrassait, leur imposait les mains, les bénissait (1). Il était plein de tendresse pour ceux qui vivaient dans son intimité; mais celui qu'il aimait plus que tous les autres, celui dont il appuyait la tête sur son cœur, celui qui puisait à ce cœur, comme à une source sacrée, les secrets du ciel, celui à qui il donna la force de monter jusqu'au Calvaire, celui qui entendit ses dernières paroles, celui qui reçut du plus aimé et du plus saint des fils le plus beau des présents : une mère vierge pour sa mère adoptive, c'était un jeune homme : Jean, le disciple que Jésus aimait (2).

(1) Matth., cap. xviii. Luc., cap. xviii.
(2) Cum vidisset Jesus matrem et discipulum stantem,

Cette préférence du maître n'est point une exception dans l'histoire des âmes qu'il a honorées de son amour. Le Christ se plaît avec la jeunesse, et sa vie communiquée avec plus d'énergie là où la vie de la nature est plus abondante, crée une beauté qui éblouit par ses singulières splendeurs et qui touche par ses grâces ineffables. Non, il n'y a pas de plus ravissant spectacle que celui d'un jeune homme dont l'âme n'a point été déflorée par la science prématurée de l'iniquité, qui choisissant librement Jésus-Christ pour son maître, livre à son amoureuse direction ses aspirations, ses désirs, ses espérances, ses audaces, ses forces, ses illusions même, qui vit vraiment de la vie de la foi, qui, le cœur plein de l'amour de son Dieu, n'a pas d'autre règle de tous les actes de sa vie que la sainte volonté de l'ami divin dont il entend dans sa conscience la voix douce et toujours respectée.

L'ardeur de l'âge l'emporte sur les chemins de la liberté ; mais une mesure parfaite contient tous ses mouvements où l'ordre devient

quem diligebat, dicit Matri suæ : Mulier, ecce filius tuus. Deinde dicit discipulo : Ecce Mater tua. (JOAN., cap. XIX. 26-27.)

d'autant plus admirable que la force d'impulsion est plus vigoureuse.

Il veut connaître, mais la première des sciences, la science des choses divines, règle toutes les recherches de son inquiète curiosité. Sous le prestige du savoir et des formes il sait découvrir l'erreur que condamnent les principes de sa foi. Là où il ne comprend pas il croit, et l'humble soumission de son cœur le protége contre les mensonges brillants qui font appel à l'activité inexpérimentée de son esprit.

Il veut voir; mais la beauté chère à son enthousiasme a dans les mystérieux replis de son âme un type sacré, auquel il a vite comparé ce qui parle à son imagination et à ses sens. Une secrète horreur l'avertit des apparitions malsaines pour sa vertu; avant que son front ait rougi, sa conscience a frémi et lui a dit : passons.

Il veut se réjouir, Dieu l'y invite : « Réjouis-toi jeune homme dans ton adolescence : *Lœtare ergo juvenis in adolescentia tua* (1). » Plus tard tant de préoccupations douloureuses multiplieront les heures tristes et pesantes de la vie! La matinée invite à la joie, et la jeu-

(1) *Eccles.* cap. xi. 9.

nesse est la matinée de notre fugitive existence. Il veut donc se réjouir, mais il sait qu'un chrétien se réjouit dans le Seigneur; que le plaisir a ses heures qui ne doivent jamais empiéter sur les heures laborieuses; que c'est dans la jeunesse qu'il faut s'habituer à porter la sainte croix du travail; que toute joie est mauvaise quand elle enivre, fait perdre la paix de l'âme et dévore à son profit ce qu'il faut tenir en réserve pour l'avenir; enfin, que les vraies fêtes de la vie sont celles d'où l'âme sort plus vaillante et le corps plus reposé.

Il veut arriver; mais la sagesse chrétienne lui apprend à mesurer ce qu'il veut sur ce qu'il vaut, à ne point tendre vers des sommets qu'il ne pourrait atteindre, où il ne pourrait rester sans crime; elle lui montre les chemins ténébreux qu'il faut éviter, les droits sentiers qu'il faut suivre; au-dessus de ces choses si vénérables qui commandent les moyens d'arriver à un but : la conscience, l'honnêteté, la justice, elle fait briller une chose plus vénérable encore : la sainteté.

Il veut aimer; mais son cœur, attaché par les fils les plus délicats à l'éternel amour, fuit les cœurs sensuels qui ne donnent qu'une hospitalité passagère et trompeuse où la vertu est tuée en trahison. Sans passion, sans trouble, il cherche un cœur chaste et fidèle, asile plein de repos et de douceur, où la créature est d'autant plus chérie qu'elle appartient davantage à Celui en qui les cœurs purs doivent s'aimer à jamais.

Il veut se donner; mais la prudence chrétienne le préserve de cette activité fébrile qui prodigue la vie en pure perte et lui fait voir les véritables et sublimes objets de ses dévouements : la famille, la patrie, la religion, l'infortune.

Il veut être libre; mais il n'ignore pas que la liberté a besoin d'être dirigée dans ses premiers pas; qu'elle s'égare si elle n'est pas soutenue par les avis, les conseils et les encouragements de ceux qui ont connu la vie. Il ne croit pas s'amoindrir s'il demeure soumis aux douces autorités qui lui représentent, ou par droit de nature, ou par droit d'état, ou par droit de sagesse, son maître Jésus-Christ.

Il sent bouillonner en lui les flots ardents et généreux d'une vie toute neuve, il entend cette grande et terrible voix des sens qui épouvantait l'apôtre; mais, revenu des premiers étonnements et des premières alarmes de la pudeur, il prend la résolution de n'amoindrir ni ne corrompre par le vice le sang précieux qui doit être plus tard le sang d'une famille. Si la passion le presse, il sait où aller pour en apaiser les ardeurs funestes. La prière est son refuge ; les confidences douloureuses de ses luttes ne coûtent pas à sa fierté, et il en sort pour ouvrir son cœur plus profond et plus fidèle au tendre ami des âmes pures.

Le voilà ! ce préféré du Maître, celui que le Christ aime plus que tous les autres ! Il est pur, il est grand, il est fort, il est sage, il est beau : beau d'une beauté qui, selon le langage du sage, « le distingue entre tous et lui fait honneur près de ceux qui achèvent de vivre : *Habet claritatem ad turbas et honorem apud seniores juvenis.* » Voyez comme cette âme aimée de Dieu rayonne et resplendit ; comme tout est calme et reposé dans ce visage, comme ce front est serein, comme cet œil est limpide, comme ces lèvres sont souriantes, comme ce maintien est fier sans orgueil. Va, jeune homme, quoi que tu deviennes, la famille, la patrie, la religion peuvent compter sur toi. Si tu es père, tu le seras tout à fait, et dans un sang pur tu feras germer ta foi et tes vertus. Nul mieux que toi n'est propre à servir la sainte cause du pays, et la plus sainte cause de Dieu ; car les nobles ambitions, le courage, la générosité, le dévouement, l'esprit de sacrifice fleurissent spontanément dans les âmes qu'illumine la foi et que féconde la grâce de Dieu.

Ai-je fait un portrait de fantaisie ? Non, Messieurs. J'ai vu la merveille que je viens de décrire, je l'ai vue plus d'une fois, et toujours avec un attendrissement et un bonheur qui ne pouvaient s'exprimer que par les larmes. Je chantais dans mon cœur ce cantique des saintes Lettres : « *O quam pulchra est casta generatio cum claritate* : O qu'elle est belle la chaste génération qui vit dans les splendeurs des vertus chrétiennes (1) ! » et je me disais : c'est ainsi que devraient être tous les jeunes gens !

II

Voilà notre rêve, Messieurs ! Ecoutez nos déceptions. L'ennemi du bien, dit un pieux et savant théologien (2), s'attaque surtout à ses

(1) *Sap*. cap. IV. 1.
2) Vincent **Contenson**.

principes; ce sont les germes des vertus qu'il s'applique à corrompre, les saintes résolutions et les généreux desseins dont dépend toute une vie qu'il s'efforce d'étouffer, sachant bien qu'on renverse difficilement des habitudes établies. Les jeunes pousses sont plus facilement entamées par le ver que le cœur robuste des vieux chênes. La jeunesse est vive et ardente, mais en elle les tissus de l'âme ne sont pas encore affermis. Mille périls la menacent, surtout dans les centres populeux où l'atmosphère morale est plus que l'atmosphère physique chargée de principes contagieux. A l'air libre, dans l'isolement des campagnes, sous le faix d'un travail où le corps se dépense plus que l'âme, une jeune nature, si elle manque de développement intellectuel, peut avoir la chance d'échapper aux influences malsaines qui corrompent la rectitude du jugement, la pureté du cœur et la simplicité des mœurs. La jeunesse qu'on lance dans les villes à la recherche d'une carrière est plongée toute vive au milieu de ces influences; comment n'en serait-elle pas atteinte?

Toutes ses énergies veulent prendre une direction; mais elle a peu fait encore usage de sa liberté, et se trouve en cet état qu'un

poëte de l'antiquité a décrit en deux vers
charmants :

Quumque iter ambiguum est et vitæ nescius error
Diducit trepidas ramosa in compita mentes (1).

« Il faut avancer, mais la route est dou-
« teuse, et l'ignorance de la vie conduit l'âme
« tremblante d'impatience en des sentiers
« qui vont de côté et d'autre, comme les
« rameaux d'un arbre touffu. »

C'est l'inexpérience, faiblesse touchante au
milieu de tant de force. Il faudrait la diriger au
bien; mais comment? Le père n'ose plus trop
faire sentir son autorité à cette âme fougueuse
qui se cabre sous le commandement, la mère
voit revenir à elle les traits émoussés de sa
tendresse, les maîtres de l'enfance et l'adolescence n'exercent plus qu'une influence loin-
taine. Le jeune homme est en présence de
nouveaux maîtres et d'amis trop affranchis
d'un pur et religieux passé. C'est par eux qu'arrivent aux inexpérimentés ces enseignements
funestes qui gâtent leur esprit, et ces auda-
cieux appels qui mettent en feu toutes les passions.

(1) Perse. Satir. v. *De vera libertate.*

Un jeune homme est sorti chrétien de nos maisons d'éducation, il voudrait rester fidèle à ses convictions; mais dans l'enseignement supérieur qui doit lui ouvrir une carrière il rencontre des maîtres dont les affirmations, parées des formules de la science, écrasent avec dédain les vérités saintes qu'il a jusqu'ici respectées. Il a peur de contredire à l'autorité du savoir, et se demande avec étonnement s'il n'a pas été trop naïf de donner son assentiment à des doctrines dont les beaux esprits font si peu de cas. Les railleries de ses faux amis achèvent d'ébranler sa foi, et une honte impie lui persuade bientôt qu'il est victime d'une faiblesse qu'il faut laisser aux femmes et aux enfants. Il va chercher d'un œil inquiet la justification de ses lâchetés dans des feuilles et des livres pleins de sophismes et d'ineptes blasphèmes, et s'estime d'autant plus fort qu'il est plus vide des croyances où toute vertu va puiser l'énergie virile qui la conserve. Les défiances de sa pudeur sont traitées de puérilités, et le spectacle sans cesse renouvelé de libertés cyniques lui fait croire qu'il est à l'âge où l'on peut tout entendre et tout voir. Sa curiosité sans cesse éveillée le pousse à des audaces contre lesquelles la conscience maltraitée n'ose plus se révolter. Trop facilement séduit par cette voix du monde qui chante à tout venant dans la vie : — « La jeunesse est l'âge des heureuses folies, venez amis, enivrez-vous à cette coupe remplie dont vos lèvres se retireront trop tôt, » —il abrége ses heures laborieuses, et changeant la joie en dissolution, le plaisir en débauche, il en remplit ses loisirs usurpés. Il apprend que l'art de parvenir est commandé par un principe unique : la souveraineté du but; que tout est bien si l'on arrive ; que le succès habille décemment les médiocrités heureuses, et ses convoitises irritées n'ont plus que du mépris pour les conseils de la sagesse chrétienne. On lui dit que les affections sérieuses peuvent attendre, et que tant que le cœur est jeune il doit, volage comme le papillon, butiner les amours faciles. On lui dit que la générosité est un métier de dupes et que la règle la plus sûre comme la plus profitable, en tout temps et en toute position, c'est *chacun pour soi*. On lui dit que la liberté ne souffre pas les influences chagrines qui contrarient nos penchants; que les ardeurs qui le tourmentent veulent être satisfaites; qu'une toute jeune vie doit jeter son feu et que les plus sages, quand l'âge est venu d'être sage, sont ceux qui ont le moins contenu les passions folles du beau temps. On lui dit mille mensonges, on remplit son esprit de mille idées fausses, son cœur de mille sentiments pervers, et, à travers ce désordre, le prenant à la fois par l'orgueil et par la chair, viennent se jeter les agitateurs et les créatures de perdition qui cherchent des dupes et des victimes. Le malheureux ! Il est pris, dit l'Ecriture, « comme l'oiseau qui s'est hâté vers le filet sans savoir qu'il y va de sa vie ; il suit qui l'entraîne comme le bétail que l'on mène à la tuerie » (1).

Le voilà donc celui qui pouvait être si grand, si aimable, si charmant, si admirablement beau, si plein de promesses et d'espérances pour ceux qui attendaient en lui l'efflorescence des dons de Dieu. Le voilà ! blasphémateur précoce, impie improvisé, dont les jours sont bientôt sans prière et sans Dieu, admirateur des paroles et des écrits qui le pervertissent, enthousiaste des formes indécentes qui ne peuvent fuir les enquêtes de son œil effronté, amant passionné du plaisir,

______

(1) Et ecce occurrit illi mulier ornatu meritricio, præparata ad capiendas animas..... statim eam sequitur quasi bos ductus ad victimam... velut si avis festinet ad laqueum, et nescit quod de periculo animæ illius agitur. (Prov. cap. vii, 10-23.)

tueur de temps, bourreau d'argent, égoïste, enflant sa capacité, prêt aux indélicatesses et peut-être aux injustices, ne doutant de rien, espérant tout, idolâtre de la chimère, gênant de sa misérable et traînante vie les vocations et les talents réels, inconstant et traître dans ses affections, coureur de bonnes fortunes, bravache de corruption, aspirant conspirateur, donnant l'appoint de sa présence et de ses cris à tous les désordres et chantant les martyres ridicules, prodigue du bien sacré de la vie et l'épuisant avant qu'il ait reçu du ciel l'ordre de la multiplier, plaie de la religion, sorte d'abcès au corps social et menace horrible pour la famille.

Que de foyers domestiques où la paternité de l'homme qui a défloré sa jeunesse et abusé de sa première séve ne se reconnaît qu'à des misères dignes de larmes ! Que de jeunes gens dont on peut dire avec l'Ecriture : « Ils se sont égarés et sont devenus inutiles : *Omnes declinaverunt simul inutiles facti sunt*; pis que cela, nuisibles, infects, abominables, *corrupti, abominabiles*, semant leurs voies d'angoisses et d'infortunes, *contritio et infelicitas in viis eorum* (1). »

(1) *Psalm.* XIII.

Sans doute, Messieurs, tous les jeunes gens qui font injure à leur éducation chrétienne n'arrivent pas à l'extrême dépravation dont je viens de faire le tableau ; mais tant de degrés y conduisent qu'il nous est impossible de n'avoir pas à redouter et à pleurer de fréquents malheurs et de nombreuses déceptions.

III

Cependant malgré ces déceptions nous ne renonçons point à nos rêves. Nos efforts et nos luttes en poursuivent la réalisation à travers les obstacles que jettent sur notre route les troubles publics et le mauvais vouloir des hommes. Dans une certaine mesure il est impossible de nous refuser le succès, si l'on compare à ses commencements la fin du tiers de siècle qui vient de s'écouler. La jeunesse sortie de nos mains n'a pas évité toutes les embûches que l'on tendait à son intelligence et à son cœur ; cependant il s'est formé, petit à petit, dans la génération nouvelle, une troupe d'élite où la foi chrétienne, les sentiments et les belles actions tiennent le haut bout de la vie. Les récentes catastrophes, qui ont fait à notre fortune et à notre honneur une si large blessure, ont soudainement révélé à la France une multitude de jeunes gens dont le religieux patriotisme et les glorieux dévouements remplissent d'un noble et saint orgueil le cœur de leurs parents et des maîtres chrétiens qui les ont élevés. Du récit de nos malheurs on peut facilement extraire le livre d'or de la jeunesse chrétienne.

Comment sommes-nous arrivés à ce résultat, Messieurs ? — par des efforts patients, par une lutte incessante. — Nous avons d'abord convié les jeunes gens aux œuvres de charité. Il nous semblait qu'en habituant leur cœur au dévouement nous leur préparions, du côté de Dieu, une bénédiction qui servirait d'armure à leur foi. Et puis il y a entre l'amour et la foi du chrétien une réciprocité d'influence par laquelle ils se soutiennent l'un l'autre. Il faut croire pour aimer chrétiennement ; mais l'amour chrétien, quand il s'empare d'un cœur et l'applique aux bonnes œuvres, crée dans la vie une activité bénie qui arrête le développement des passions funestes à la foi. Rapprochés par le commun désir de bien faire, les jeunes gens devaient s'encourager à bien penser, et la première de leur charité devait être, entre eux, un échange de bonnes paroles et de bons exemples. Investis d'une sorte d'apostolat, ils ne pouvaient songer à remédier aux misères morales des pauvres qu'on leur confiait sans veiller sur eux-mêmes, afin de conserver dans leur âme le feu sacré de la vie chrétienne.

Aux conférences de charité se sont ajoutés les cercles, réunions plus profanes, dont la foi cependant était le centre d'attraction. Là, garantis des tristesses et des périls de l'isolement, protégés par des joies innocentes contre l'attrait des plaisirs coupables, les jeunes gens chrétiens pouvaient se communiquer leurs travaux, leurs projets, leurs espérances pour l'avenir et surtout apprendre, en se comptant, qu'ils étaient une force dans la société.

Ces moyens étaient bons, Messieurs, mais nous ne pouvions obtenir, en les mettant en œuvre, que des résultats partiels et tout à fait précaires. Il nous manquait une chose essentielle, une chose qui permît à l'esprit chrétien de préparer sérieusement la jeunesse, de la former, de l'influencer dans tous ses dévelop-

pements, jusqu'à l'heure de la pleine possession d'elle-même : la liberté d'enseignement.

Héritier de l'esprit révolutionnaire, le pre-
mier empire avait confirmé l'écrasement de
toutes les institutions libres par l'établissement
du monopole universitaire. L'Etat seul était
maître de l'enfance, de l'adolescence, de la
jeunesse, quand un gouvernement, éclos au
sein d'une nouvelle révolution, inscrivit dans
sa charte la promesse de la liberté de l'enseignement. Promesse menteuse, presque aus-
sitôt retirée que donnée. On comptait sur le
silence attristé des catholiques déçus; mais
Dieu avait préparé à cette liberté chère des
apôtres intrépides. Leurs protestations assou-
pies pendant quelques années, après un pre-
mier éclat, se réveillèrent tout à coup en 1840,
et la France entière en fut ébranlée. Lettres
épiscopales, mandements, discours de la chaire
et de la tribune, livres, brochures, journaux
demandaient à grands cris la liberté promise.
Je ne vous citerai pas les noms de tous ceux
qui furent engagés dans cette lutte émou-
vante, mais je croirais manquer à la piété
filiale si je ne saluais ici mon père en religion,
père aussi des maîtres dévoués auxquels vous
avez confié ce qui vous est le plus cher :

Frère Henri-Dominique Lacordaire d'illustre et sainte mémoire.

Après vingt ans de luttes, la liberté d'enseignement nous fut accordée en partie, grâce au renversement du régime qui nous la refusait obstinément, et au grand déplaisir de ceux qui, en le renversant, nous avaient préparé les voies à de plus pressantes revendications. Le clergé séculier, les ordres religieux, les congrégations se mirent à l'œuvre. On vit partout s'élever des établissements libres d'instruction secondaire, où l'Etat impose encore le joug de ses programmes, mais où l'éducation chrétienne est à l'aise pour manier l'adolescence docile aux impressions religieuses, et la conduire aux portes de la jeunesse. Je vous ai signalé tout à l'heure les heureux effets de cette éducation. Nous en rendons grâces à Dieu, cependant notre ambition n'est pas encore satisfaite. Nous voudrions obtenir sur la jeunesse même, non plus des résultats partiels et précaires, mais un résultat d'ensemble, qui ait un retentissement efficace dans la vie et les destinées de notre société. Malheureusement la jeunesse nous échappe. De nos mains amies elle tombe aux mains indifférentes, et quelquefois impies, de maîtres qui désintéressent leur enseignement de toute idée religieuse, quand ils ne se font pas un immoral plaisir de pervertir les esprits par des doctrines abjectes, et de désemparer ainsi de jeunes âmes dont les amis pervers achèvent le naufrage.

Je ne veux pas m'étendre ici, Messieurs, sur de justes récriminations que des voix plus autorisées que la mienne ont fait entendre au pays. Les périls qui entourent la jeunesse sont assez connus pour que vous approuviez nos longues et vives instances à l'endroit de la liberté de l'enseignement supérieur.

Après avoir fait la preuve de nos droits dans la presse et à la tribune, nous avons demandé cette liberté à un pouvoir qui, au lieu de s'honorer et des'affermir en nous l'accordant, nous l'a impitoyablement refusée. L'Assemblée qui recueillit le triste héritage de la guerre et de l'invasion nous l'a léguée dans son testament. Enfin le monopole ployait sous la pression de nos désirs et de nos légitimes revendications. Sans tarder les catholiques ont ouvert leurs cœurs et leurs bourses, et nous avons pris possession.

Ce n'était pas l'affaire des troubadours du laïcisme, despotes déguisés qui ne veulent

de la liberté que tout juste ce qu'il en faut
pour assurer le triomphe de leur implacable
dictature. La loi qui nous affranchit usurpe
sur le projet qu'ils ont conçu de nous étouffer
dans l'ombre des sacristies. Ils se sont mis en
campagne, ils ont fait des promesses à la foule
impie qui, d'ordinaire, acclame leurs paroles,
et, sans souci de la stabilité nécessaire à toute
législation, ils ont salué de leurs cris de
triomphe le vote par lequel leurs mandataires
commençaient à démolir l'œuvre d'affranchis-
sement dont nous devions bénéficier. Pour
justifier cette ouverture des destructions anti-
cléricales, ils n'ont pas craint d'exploiter la
calomnie, comme s'il n'y avait plus de justice
en France depuis qu'ils sont le nombre ; mais
deux sentences les frappent coup sur coup.
Par la voix du sénat, la sentence du pays ; par
la voix des tribunaux, la sentence de la justice
qui imprime à leur front le stigmate des calom-
niateurs.

La loi nous reste, Messieurs. Bien qu'elle
soit imparfaite, nous voulons en profiter, et
nous espérons obtenir enfin, dans la formation
intellectuelle et morale de la jeunesse, ce résultat d'ensemble qui jusqu'ici a refusé de récom-
penser les pieuses industries de notre zèle.

Qu'on nous prête des intentions perfides, des vues intéressées, des desseins funestes à la cause du progrès et à la paix sociale, il n'importe; nous mettrons en pratique cette devise : *Bien faire et laisser dire*, dans quelques temps nos œuvres seront notre justification.

Non, nous n'avons pas l'ambition d'exercer sur les natures jeunes et ardentes, qui se précipitent vers les carrières, une domination jalouse qui arrête leur élan; mais, parce que c'est notre devoir, nous prétendons les diriger au nom de celui à qui leurs âmes appartiennent; et, à l'heure où les mères de la nature n'ont plus sur la jeunesse, trop confiante en elle-même, qu'une autorité affaiblie, nous voulons lui donner une mère auguste et pleine de sollicitude dont elle révère la haute et sage autorité. L'université catholique est l'*alma mater* entre les bras de laquelle on se jette librement, et non plus cette maîtresse altière et dédaigneuse qui exploite un monopole sans s'inquiéter de ce que deviennent ceux que la nécessité lui amène.

Non, nous ne cherchons pas la guerre de l'Eglise contre l'Etat; mais nous demandons une courtoise et loyale concurrence, une émulation de savoir et d'efforts dont tout le monde profitera et dont le résultat définitif sera, nous en avons la conviction, le perfectionnement général des méthodes, des programmes, de la discipline et des mœurs universitaires.

Non, nous ne voulons pas immoler la science à nos principes religieux ; mais nous voulons faire cesser l'exploitation de la science contre Dieu, la séparation systématique de la foi et de la science. Nous voulons marier ces deux lumières qui ont une même source dans le soleil éternel, et nous sommes sûrs que la science gagnera à ce mariage d'être moins rampante, moins étroite, moins éparse, et de se rapprocher de la synthèse où est sa perfection.

Non, nous ne voulons pas faire des forces vives de la jeunesse les recrues d'un parti ; mais, en laissant à chacun la liberté de ses opinions, nous voulons créer, sous la surveillance et la protection de l'*alma mater*, une famille de frères qui se respectent, s'encouragent, s'édifient, pour remplacer ces troupeaux abandonnés de camarades qui trop souvent s'entraînent, se débauchent, se pervertissent.

Bref, Messieurs, nous voulons mettre fin aux déceptions qui jusqu'ici nous ont contristé le cœur, nous voulons obtenir la réalisation de nos nobles rêves à l'endroit de la jeunesse, nous voulons faire une jeunesse en qui la foi et la vertu grandissent avec le savoir, une jeunesse qui honore les professions au lieu de les exploiter, une jeunesse dont les bataillons pressés forment bientôt comme un mur impénétrable de conservateurs agissants autour de ces saintes choses : la religion, la patrie, la famille, la propriété, une jeunesse en qui l'avenir saluera les régénérateurs de la société française et les chevaliers du progrès chrétien.

Aidez-nous dans cette grande et salutaire entreprise. Aidez-nous par vos prières pendant que nous combattons, aidez-nous par vos subsides pendant que nous édifions, aidez-nous par vos justes réclamations et par vos influences pendant que nous nous efforçons d'acquérir une pleine liberté dans la loi. A l'œuvre! à l'œuvre! et dans quelques années nous pourrons dire aux ennemis, qui persécutent, dans notre cause, la cause même de Dieu ces paroles du prophète : « Multipliez vos forces, ceignez vos reins, unissez vos efforts et vous serez vaincus, car Dieu est avec nous : *Congregamini et vincemini, quia nobiscum Deus* (1). »

(1) *Isai.* cap. VIII, 9.

8386 — PARIS. IMPRIMERIE JULES LE CLERE ET Cⁱᵉ, RUE CASSETTE, 29.

CONFÉRENCES DU COUVENT S. THOMAS D'AQUIN

INTRODUCTION AU DOGME CATHOLIQUE

2 beaux et forts volumes in-8. Prix : 12 fr. — Par la poste, 13 fr.

OR ET ALLIAGE DANS LA VIE DÉVOTE

1 joli volume in-18 raisin (elzevir) : 2 fr. — Par la poste, 2 fr. 25

Quatrième édition, revue, corrigée et augmentée.

TRADUCTION ANGLAISE DU MÊME :

GOLD AND ALLOY IN THE DEVOUT LIFE

Avec préface du R. P. BURKE, des Fr. Prêcheurs

SOYONS APOTRES

Brochure in-8 . . . . 1 fr.

ŒUVRE DU VŒU NATIONAL AU SACRÉ-CŒUR DE JÉSUS

Discours prononcé dans l'église métropolitaine de N.-D. de Paris,

Le 14 avril 1872.

Brochure in-8 sur papier fort . . . . 1 fr.
Le même, édition de propagande : 15 c. et 10 fr. le cent.

LE MOIS DES FRUITS

MOIS D'OCTOBRE

CONSACRÉ A NOTRE-DAME DU ROSAIRE

Par un RELIGIEUX de l'ordre des Frères Prêcheurs

Précédé d'une Lettre-Préface

Par le T. R. P. MONSABRÉ, du même ordre

Un volume in-32 jésus. 2e édition. — Prix . . . . . . 1 fr. 25

Le Collége de Dormans-Beauvais *et la chapelle de Saint-Jean l'Évangéliste,* par le R. P. Chapotin, des Frères Prêcheurs. 1 beau vol. in-8. 7 fr. 50

Alexandre VI et les Borgia, par le R. P. Ollivier, des Frères Prêcheurs. — Première partie : *Le Cardinal de Llançol y Borgia.* Un beau vol. in-8 avec deux portraits. 4 fr.

Éloge funèbre de Mgr Darboy, archevêque de Paris, par le R. P. Didon, des Frères Prêcheurs. Brochure in-8. 75 c.

8386. — PARIS. IMP. JULES LE CLERE ET Cie, RUE CASSETTE, 29.

www.ingramcontent.com/pod-product-compliance
Lightning Source LLC
LaVergne TN
LVHW021650170726
843501LV00007B/2492